한글 漢字쓰기·理解·應用

常用 한글·漢字펜글씨교본

安 哲 編

혜원출판사

머 리 말

글씨는 그 사람의 성품과 인격을 비춰주는 거울이라고 합니다.

그리하여 우리는 옛부터 글씨가 그 사람됨을 평가하는 데 많은 작용을 해왔다. 우리들 가운데는 선천적으로 타고난 소질이 있는 사람과 없는 사람이 있긴하지만, 세상에는 흔히들 글씨는 그 사람의 소질이 좌우하는 듯 착각하는 사람이 많습니다. 그러나 글씨를 쓰는 데 있어서는 소질보다 후천적인 노력이 더욱 중요합니다.

글씨 연습에서 가장 중요한 점은 좋은 교본과 노력만 있으면 누구라도 쉽게 익힐 수 있으며, 결코 어려운 것이 아닙니다. 다시 말하면 바른 글씨체의 교본을 잘 보고 기초부터 시작하여 정체·흘림체의 순으로 하루에 몇십 분의 노력을 평소에 꾸준히 계속한다면, 누구라도 잘 쓸 수 있습니다. 그렇게 한다면 자기도 모르는 사이에 아름다운 글씨를 쓰게 될 것입니다.

이 책은 이러한 희망을 충족하기 위하여 기초에 중점을 두고 가장 짧은 시간에 많은 글자를 습득하여 숙달할 수 있도록 만들었으므로, 가장 충실한 내용을 갖춘 책으로 자부합니다.

끝으로 이 한 권으로 연습만 한다면 누구나 아름다운 글씨를 쓸 수 있을 것을 확신하며, 착실한 노력이 계속되기를 바랍니다.

엮 은 이

차　　례

일러 두기

펜을 잡을 때는, 펜대 위에 인지(人指)를 얹고 종이의 면에 대하여 45°~60° 정도로 잡는 것이 가장 좋은 자세입니다.

한자(漢字)에는 해서체(楷書體)·행서체(行書體)·초서체(草書體)가 있고, 한글에는 특유의 한글체가 있으며 이 모두는 각기 그 나름의 완급(緩急)의 차가 있으며, 경중의 변화가 있습니다. **해서체는 50°~60°의 경사 각도**로 쓰는 것이 좋으며, 행서체·초서체 큰 글씨가 될수록 경사 각도는 50° 이하로 내려갑니다. 45°의 각도는 손 끝에 힘이 들지 않는 각도이며, **평소에 펜 글씨를 정확하게 쓰자면 역시 50°~60°의 경사 각도로 펜대를 잡는 것이 가장 알맞는 자**세라 할 수 있습니다.

◎ 펜을 쥐는 각도

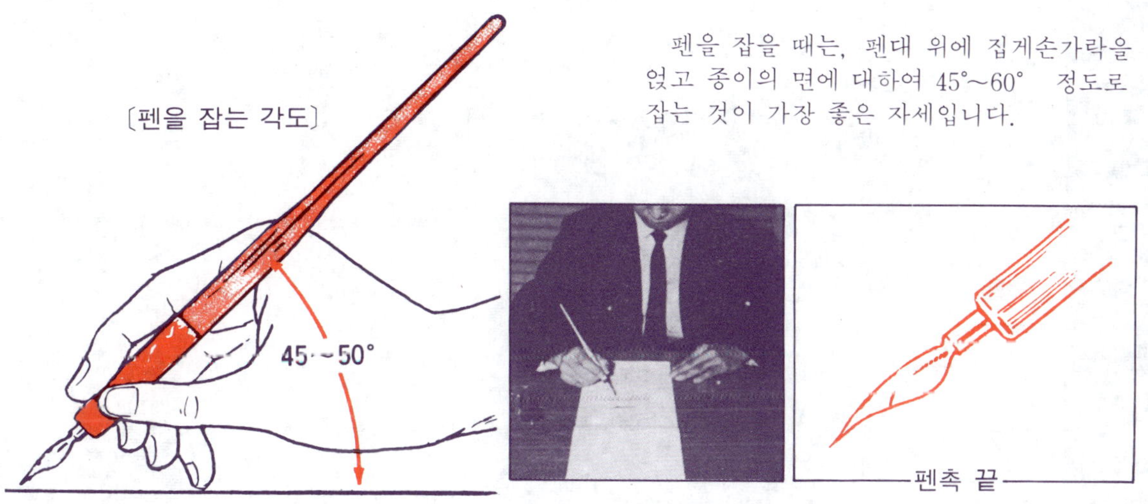

펜을 잡을 때는, 펜대 위에 집게손가락을 얹고 종이의 면에 대하여 45°~60° 정도로 잡는 것이 가장 좋은 자세입니다.

◎ 용구에 대하여

① **펜촉** — 펜촉은 그 종류가 많지만, 대체로 필기용으로 쓰이는 것은 G펜·스푼펜·스쿨펜·활콘펜 등이 있으나, **스푼펜**은 끝이 약간 둥글어 종이에 걸리지 않기 때문에 사무용으로 널리 애용되며, 펜글씨에 가장 적당한 펜촉이라 할 수 있습니다.

② **잉크** — 잉크는 보통 청색과 적색을 많이 쓰며, **연한 색보다는 약간 진한 색**이 선명하여 보기에 좋습니다.

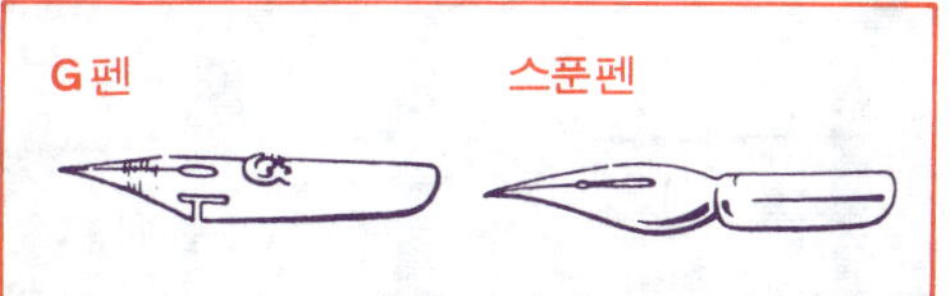

*정 체 편

한글 쓰기의 특성

한글은 글자의 짜임새가 한자(漢子)와는 다르기 때문에, 글씨를 쓰는 요령(要領)도 약간 다르다.

한글 글씨는 궁체(宮體)에 근원을 두고 쓰이고 있는데, 그 선(線)이 한자보다 부드럽고 둥글며, 특히 모음(母音)의 세로획은 기필(起筆)이나 수필(收筆)이 독특하고, 또 이 획이 글자의 주획(主劃) 역할을 하고 있어 주의하지 않으면 안 된다.

한글 글씨의 모든 획의 기필은 대체로 한자의 그것보다 모나지 않게 부드러운 기분이 나도록 하여야 하며, 주획이 되는 세로획의 수필은 머물러 두지 말고 가늘게 뽑듯 쓰되, 일부러 끝을 구부리지 말고 자연스럽게 가볍게 아래로 뽑듯 써야 한다.

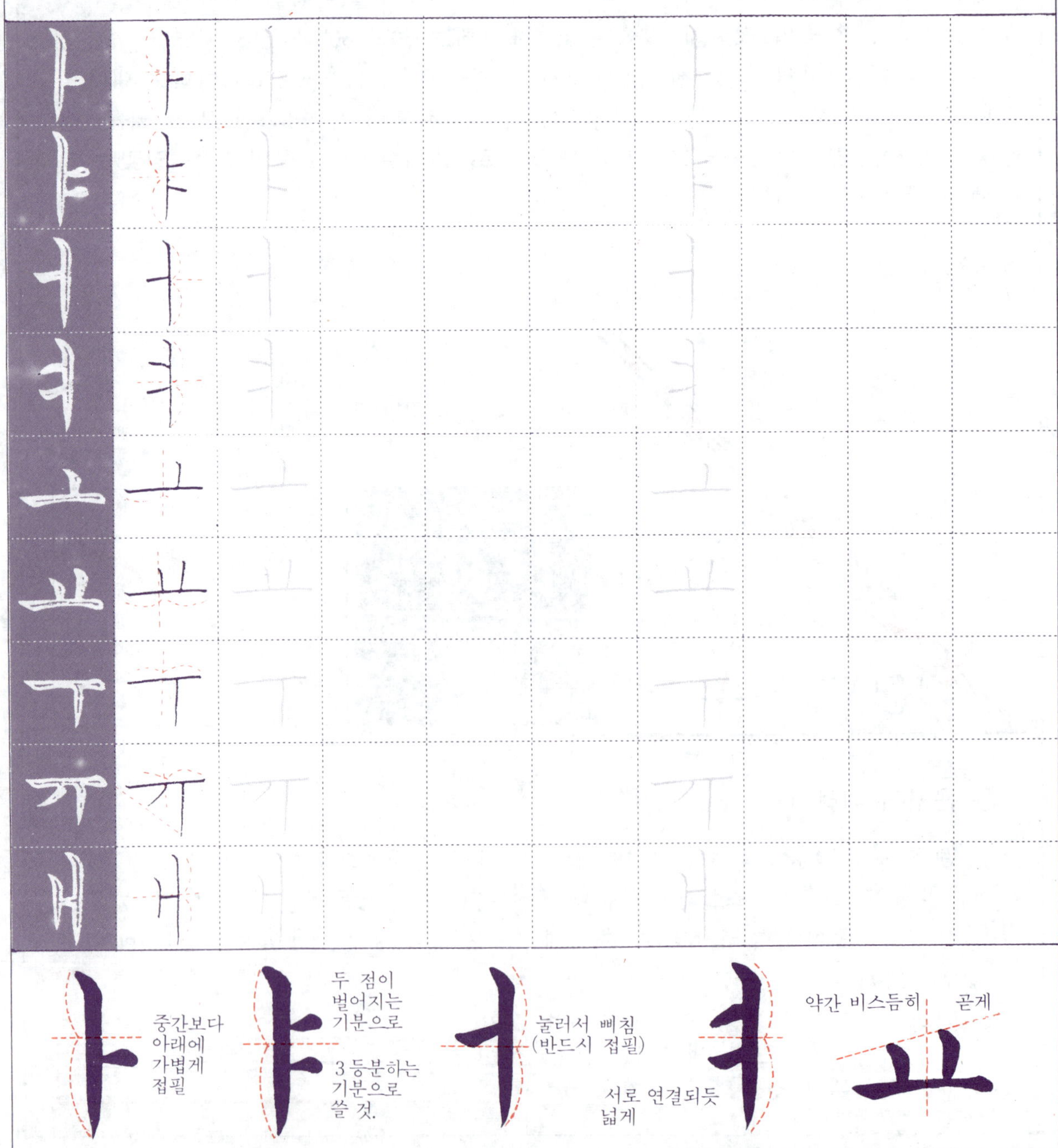

〈한글 정자 궁체(宮體)〉

ᄋᆞ
년의소실이가히블
ᄃᆞ려부모긔누덕이져
ᄅᆞ신이부셔ᄅᆞᆯ용납
에아ᄃᆡ못ᄒᆞ고ᄂᆞ고만슈

못ᄒᆞ온고로당년의소실이가히블
어타인이라ᄃᆞ려부모긔누덕이
ᄒᆞ고블효블신이부셔ᄅᆞᆯ용나
오ᄃᆡ죄ᄅᆞᆯ이에아ᄃᆡ못ᄒᆞ고ᄂᆞ고만
써큰쟈ᄅᆞᆯ삼아뎐일을익ᄃᆡᄒᆞ므
의소ᄒᆞᄃᆡ부ᄃᆡ독어ᄲᅧ합ᄇᆡᄃᆡᄒᆞ
요힝을삼ᄉᆞᆸ더니슈니기실ᄒᆞᆫ

ㅔ
ㅖ
과
괘
거
저
제

자음 쓰기의 기본

거. 겨에 쓴다.
① 방향에 주의
②
③
②의 부분을 가늘게 꺾는다.

나. 냐등에 쓴다.
굵게
붓을 들고 꺾는다.
수평보다 약간 치킨다.

비스듬히
①
②
③
수평보다 약간 치킨다.
①②③선이 평행되게 쓴다.

약간 뗀다.
굵게
접필
닿는 듯 마는 듯

「ㅈ」은 ㅅ을 응용하면 된다.

45° 방향으로

아래로 수직이 되게

입필 방향

① ②

두 번 또는 한 번에 쓴다.

접필을 가볍게

ㄱ점을쓰고,

ㅅ점을 찍는다.

ㅅ	ㅅ	ㅅ	ㅇ	ㅈ	ㅈ	ㅈ	ㅊ	ㅊ	ㅊ
ㅅ	ㅅ	ㅅ	ㅇ	ㅈ	ㅈ	ㅈ	ㅊ	ㅊ	ㅊ
ㅅ	ㅅ	ㅅ	ㅇ	ㅈ	ㅈ	ㅈ	ㅊ	ㅊ	ㅊ

10 자음 쓰기의 기본

약간 굵게

수직으로

① ② 길게 삐친다.

②는 ①보다 길게하고
①과 ② 사이는 공간을 둠.

①

②
올려꺾어
마무린다.

①②의 휘는 방향이
서로 다르다.

ㅋ ㄱ ㅌ ㅌ ㅍ ㅍ ㅎ ㄲ ㄲ ㄸ

ㄸ	ㅃ	ㅆ	ㅆ	ㅉ	ㅉ	ㄳ	ㄵ	ㄺ	ㅄ
ㄸ	ㅃ	ㅆ	ㅆ	ㅉ	ㅉ	ㄳ	ㄵ	ㄺ	ㅄ
ㄸ	ㅃ	ㅆ	ㅆ	ㅉ	ㅉ	ㄳ	ㄵ	ㄺ	ㅄ

자음별 쓰기의 기본

가 — ① ② ③ 뗀다. 섬의 위치에 주의

거 — ① ② 3 가늘게 약간 뗀다.

고 — ① 수직으로 짧게 ② ③ ②획은 약간 왼쪽으로

ㄱ — 고, 교 또는 받침 — 으와 이의 연결로 생각하여 쓴다.

ㄴ — 나, 냐등에 쓴다 — 굵게 — 붓을 들고 꺾는다. — 수평보다 약간 치킨다.

가					가				
거					거				
겨					겨				
계					계				
고					고				
교					교				
괴					괴				
구					구				
궤					궤				
귀					귀				
나					나				
너					너				

나

① ② ③ 수평점

가늘게

겹게 접필

점찍는 위치에 주의

ㄴ

너. 녀. 네등에 쓴다

짧게 수평보다 약간 치킨다.

너

① ② ③

삐친점

띈다

약간치킨다.

노

② ①

①획과②획을 붙인다.
①획의 크기는 그위에 오는 ㄱ. ㄷ. ㄹ등에 따라 달라진다.

ㄴ

노. 뇨. 누. 뉴에 쓴다

굵어지지 않도록

붓돌림에 주의

녀					녀				
내					내				
네					네				
노					노				
뇨					뇨				
뇌					뇌				
누					누				
눠					눠				
다					다				
더					더				
대					대				
데					데				

① 짧게 긋고
② 약하게 접필
수평보다 약간 높게 치킨다.

③ ① 접필에 ② 유의 ④ 수평점
깊게 접필

삐치지 않도록
ㄷ과 ㅗ사이를 약간 띈다.

비스듬히 ① ② ③
수평보다 약간 치킨다.
①②③선이 평행되게 쓴다.

④ ① ② 접필 ③ ⑤ 깊게 접필

도 됴 되 두 뒤 듀 라 러 려 래 레 로

러 로 ㅁ 마 모

뗀다
간격에 주의
약간 뗀다
굵게
접필
닿는 듯 마는 듯
① ② ③ ④ 점의 위치에 ⑤유의
수평이 되게 한다.
접필

료 루 류 뢰 마 머 매 메 모 묘 무 뮤

약간 떼다
가볍게 접필

① ② ③ ④ 점의 위치에 ⑤유의
수필이 되게 한다.

ㅂ필순에 유의 굵게
굵게 ① ② ③
④ 접필에 주의

① 간격에 유의
② 접필 ⑤ ⑧
⑥ 너무 높이지 말 것
사이 ④를 뗀다.
약간 뗀다.

뫼
뭐
바
버
벼
배
베
보
뵤
부
뵈
뷔

45° 방향으로

가늘게 붙인다.

옆으로 수평이 되게

입필 방향

① ②

두 번 또는 한 번에 쓴다.

① ② ③ ④

알맞게 뗀다.

사					사				
서					서				
새					새				
세					세				
소					소				
쇼					쇼				
수					수				
슈					슈				
쇠					쇠				
쉬					쉬				
아					아				
여					여				

자음별 쓰기의 기본

「ㅈ」은 ㅅ을 응용하면 된다.

접필을 가볍게

ㄱ점을쓰고, 사점을 찍는다.

두 점의 접필과 방향에 주의

①②③의 하단부가 서로 수평되게

수직으로

연결되듯

뗀다

수직으로

요 요
우 우
유 유
외 외
워 워
자 자
쟈 쟈
저 저
재 재
제 제
조 조
주 주

ス 주 え 차

중심에 주의
접필을 가볍게
연결되듯
기울기에 유의
접필 위치에 유의
비스듬히
비스듬히

츄					츄				
최					최				
춰					춰				
차					차				
처					처				
채					채				
체					체				
초					초				
쵸					쵸				
추					추				
츄					츄				
최					최				

자 치 토 쳐 코

취					취				
타					타				
터					터				
태					태				
테					테				
카					카				
캬					캬				
커					커				
토					토				
투					투				
튜					튜				
퇴					퇴				

교 파 피 포

짧게 삐쳐 올린다.

① ② ③ ④ ⑤ ⑥ 넓게 나오게 깊게 접필

사뗀이다를

끝부분을 ㅓ와 연결되는 느낌으로 짧게 삐쳐 올린다.

①과②의간격은 비슷하게

켜					켜				
캐					캐				
케					케				
코					코				
쿠					쿠				
큐					큐				
쾌					쾌				
쾨					쾨				
킈					킈				
파					파				
퍼					퍼				
펴					펴				

퍼 푸 하 호

패					패				
페					페				
폐					폐				
포					포				
표					표				
푸					푸				
퓨					퓨				
하					하				
허					허				
혀					혀				
해					해				
혜					혜				

까 꾸 때 씨

호					호				
효					효				
후					후				
휘					휘				
희					희				
까					까				
깨					깨				
꺼					꺼				
꼬					꼬				
꾀					꾀				
꾸					꾸				
꿰					꿰				

까 꾸 때 씨

따					따				
떠					떠				
때					때				
또					또				
뚜					뚜				
뛰					뛰				
빠					빠				
뽀					뽀				
싸					싸				
쏘					쏘				
쩨					쩨				
쭈					쭈				

강 갑 골 국

각 갑 강 갖 갚 같 걸 것 겸 곡

각 갑 강 갖 갚 같 걸 것 겸 곡

곤 골 곰 곳 공 국 굴 굿 궂 귤

곤 골 곰 곳 공 국 굴 굿 궂 귤

난 날 눈 는

낙	날	낮	낯	냇	년	녹	논	놀	놈
낙	날	낮	낯	냇	년	녹	논	놀	놈

놉	농	높	놓	누	눈	눌	눕	눙	닥
놉	농	높	놓	누	눈	눌	눕	눙	닥

담 든 들 둥

답	닻	댈	댕	던	덧	뎀	독	돈	돋
답	닻	댈	댕	던	덧	뎀	독	돈	돋

돌	돔	돕	돗	동	득	둘	둠	둡	둣
돌	돔	돕	돗	동	득	둘	둠	둡	둣

러 글 른 를

될	둥	뒷	락	람	랑	렛	랠	런	력
될	둥	뒷	락	람	랑	렛	랠	런	력

렵	룩	룸	룹	룻	룬	룰	룽	막	면
렵	룩	룸	룹	룻	룬	룰	룽	막	면

룸 맛 문 물

만	맛	맬	맷	멉	명	멈	목	몬	몰
만	맛	맬	맷	멉	명	멈	목	몬	몰

몸	몹	못	몽	묵	문	물	뭅	뭇	뭉
몸	몹	못	몽	묵	문	물	뭅	뭇	뭉

발 백 산 석

박	받	밭	변	별	북	분	불	붓	붕
박	받	밭	변	별	북	분	불	붓	붕

뷥	속	순	술	섯	생	숯	숲	쉼	쉽
뷥	속	순	술	섯	생	숯	숲	쉼	쉽

앙 육 잘 집

악	앞	얌	얕	앱	연	엿	웅	욜	윷
악	앞	얌	얕	앱	연	엿	웅	욜	윷

올	작	잠	잡	전	젓	잴	젱	족	존
올	작	잠	잡	전	젓	잴	젱	족	존

질	즐	족	죽						
졸	좁	종	죽	줄	줏	쥰	착	찬	철
졸	좁	종	죽	줄	줏	쥰	착	찬	철
챔	첩	청	촉	촌	촙	콕	콥	콧	큰
챔	첩	청	촉	촌	촙	콕	콥	콧	큰

콩 쿡 쿤 쿨 쿵 탁 탄 탐 탑 털

콩 쿡 쿤 쿨 쿵 탁 탄 탐 탑 털

탓 탕 톡 톤 톨 톰 톳 통 특 툰

탓 탕 톡 톤 톨 톰 톳 통 특 툰

틉	팍	팝	팟	팰	펨	편	평	폭	폰
틉	팍	팝	팟	팰	펨	편	평	폭	폰

폴	폼	퐁	푹	푼	풉	풋	학	할	햄
폴	폼	퐁	푹	푼	풉	풋	학	할	햄

항	협	혹	혼	훌	흠	깍	깬	꼴	꽃
항	협	혹	혼	훌	흠	깍	깬	꼴	꽃

꾹	꿀	꿈	끝	딱	딸	땐	땜	뚝	뛸
꾹	꿀	꿈	끝	딱	딸	땐	땜	뚝	뛸

36 받침 글자 쓰기

똔	똘	똥	뚝	뚭	뚱	빡	뺀	뻘	뺨
똔	똘	똥	뚝	뚭	뚱	빡	뺀	뻘	뺨

뽕	뽈	싹	쌀	썹	쏙	쏜	쑥	짝	짼
뽕	뽈	싹	쌀	썹	쏙	쏜	쑥	짝	짼

깎	겄	긁	끓	넋	넓	늙	닭	닮	돐
깎	겄	긁	끓	넋	넓	늙	닭	닮	돐
깎	겄	긁	끓	넋	넓	늙	닭	닮	돐

맑	많	밝	밟	붉	삯	삶	앉	옳	흙
맑	많	밝	밟	붉	삯	삶	앉	옳	흙
맑	많	밝	밟	붉	삯	삶	앉	옳	흙

ㅄ ㄳ ㅆ

흘림체의 기본

흘림글씨는 실용 글씨로서 남이 잘 알아볼 수 있도록 써야 한다. 흘림글씨를 쓴다하여 제멋대로 날려서, 그것을 남이 읽을 때 괴롭게 하는 것은 매우 실례가 된다. 흘림글씨도 정체 글씨와 같이 천천히 누구나 알기 쉽게 정확하게 연습해야 한다.

1) 흘림쓰기는 글씨를 빨리 쓰는 데 적당하다.
2) 흘림쓰기는 선이 부드럽고 탄력있게 써야 한다.
3) 특히 흘림글씨는 구부리기 · 멈추기 · 이어가기의 세 가지 용필 변화를 조화있게 쓰는 것이 중요하다.

흘림체의 기본

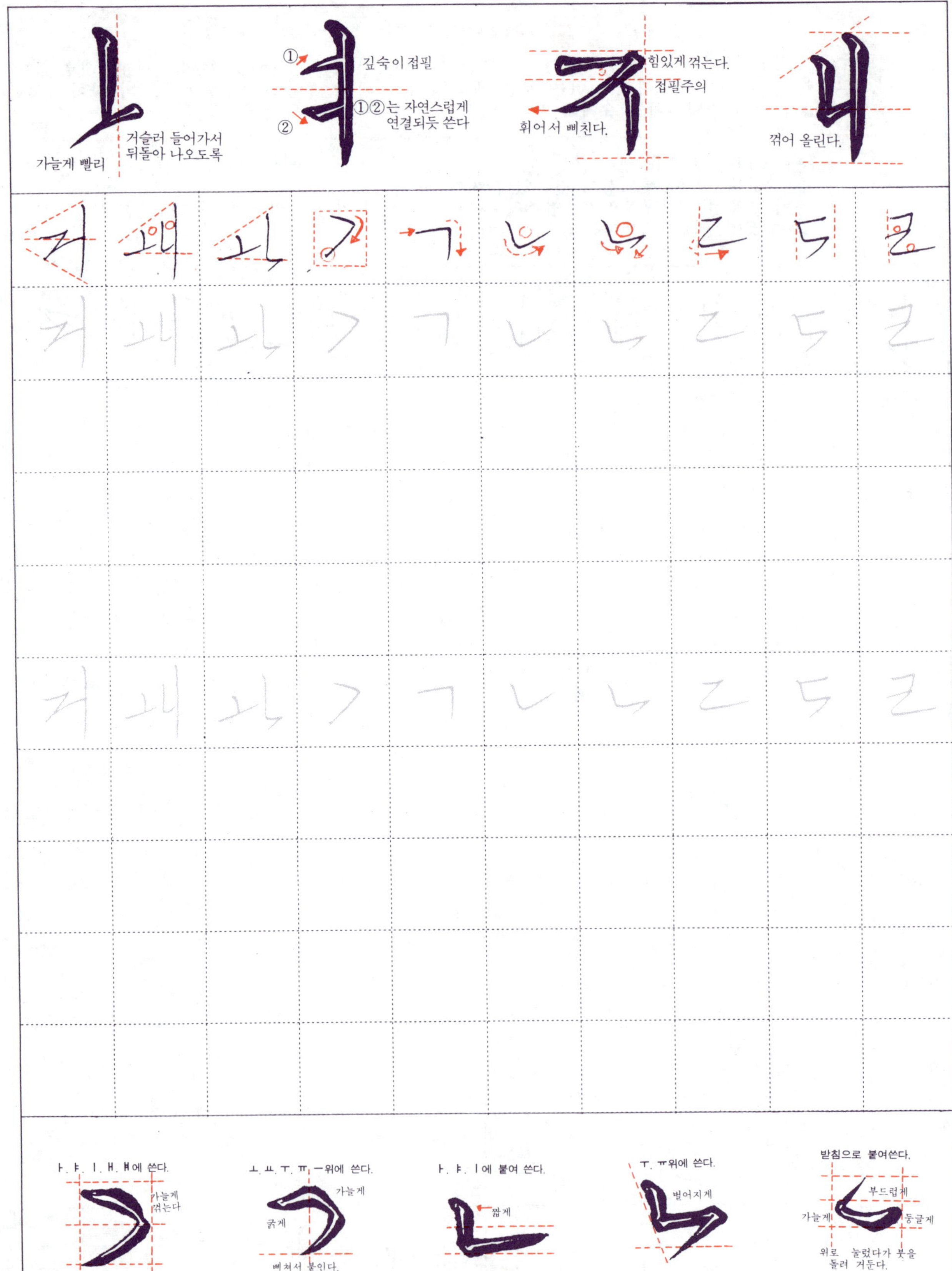
가늘게 빨리
거슬러 들어가서
뒤돌아 나오도록
① 깊숙이 접필
②
①②는 자연스럽게
연결되듯 쓴다
힘있게 꺾는다.
접필주의
휘어서 삐친다.
꺾어 올린다.
ㅏ. ㅑ. ㅣ. ㅐ. ㅒ에 쓴다.
가늘게
꺾는다
ㅗ. ㅛ. ㅜ. ㅠ. ㅡ위에 쓴다.
가늘게
굵게
삐쳐서 붙인다.
ㅏ. ㅑ. ㅣ에 붙여 쓴다.
짧게
ㅜ. ㅠ위에 쓴다.
벌어지게
받침으로 붙여쓴다.
부드럽게
가늘게
둥글게
위로 눌렀다가 붓을
돌려 거둔다.

둥글게
가늘게
힘차고 예리하게 꺾을 것

가늘게
힘주어 꺾어서
삐쳐 올려서 연결
둥글게

두 번에 쓴다.
①
②

계속 연결하여
둥글게

ㅏ, ㅑ, ㅣ 좌측에 쓴다.
가늘게
거의 수평으로 길게 삐친다.

ㅗ, ㅛ, ㅜ, ㅠ, ㅡ의 위에 쓴다.
가늘게
수평보다 약간 높게
긋다가 들어서 멈춘다

ㅓ, ㅕ 등의 좌측에 쓴다.
조금 길게
가늘게
힘을 넣어 위로 짧게 가볍게 든다.

받침으로 쓴다.
가늘게

붓을 드는 듯 꺾는다.

①붓을 가볍게 안쪽으로 휘듯이

힘주어 꺾어내려 온다.

② 눌렀다가 꺾어서 위로 치켜 올린다.

힘있게 긴점을

찍는 듯이 필압을 가한 다음 아래로 흘린다.

ㅏ, ㅕ 등에 쓴다.

받침으로 쓴다.

연결되는 듯

흘림체 자음별 쓰기의 기본

①가볍게 접필하여 위로 휘듯이 치킨다.
눌러 꺾어 가늘게 휘듯이 흘린다.
②힘을 가한 다음 멈추었다가 왼쪽 아래로 살짝 흘린다.

작게
높고 크게
가늘어지게
힘차게 꺾는다.

휘어서 가늘게
힘있게 꺾어
수직으로

연결되는 듯 가늘게 빨리 흘린다.
간격을 좁게 올린다.

기	게	겨	고	구	나	노	누	다	대
기	게	겨	고	구	나	노	누	다	대

도	두	러	로	루	마	미	메	매	모
도	두	러	로	루	마	미	메	매	모

보 서 저 에 으

비	벼	보	부	서	세	소	수	슈	이
비	벼	보	부	서	세	소	수	슈	이

어	에	애	오	워	우	지	자	저	조
어	에	애	오	워	우	지	자	저	조

굵게
짧게
가늘게
멈추며 힘있게 누른다.
뽑아 올려서
둥근 모양이 되게 누른다.
ㅗ.ㅛ.ㅜ.ㅠ.ㅡ에 쓴다.
힘주어 굵게
가늘게 빠르게 연속
치 처 채 초 촉 추 카 키 케
고 괴 괴 초 큐 쾌 킈 캐 호 흐

ㅏ, ㅣ등에 쓴다.

② 힘차게 자연스럽게 꺾는다.

힘있고 굵게

붙는 기분

중심에 주의

ㅓ등에 쓴다.

부드럽게 접필

ㅗ등에 쓴다.

아래로 흘려 접필

ㅡ등에 붙여쓴다.

힘차게 아래로 돌린다.

하

흑 히 히 호 효 후 흑 화 희 흐

흘림체 받침 글자 쓰기

각	갈	갖	갈	갱	곶	공	곱	국	군
각	갈	갖	갈	갱	곶	공	곱	국	군
각	갈	갖	갈	갱	곶	공	곱	국	군

걸 결 놀 동

낙	냇	냄	널	놀	눔	늣	능	눌	닥
낙	냇	냄	널	놀	눔	늣	능	눌	닥
낙	냇	냄	널	놀	눔	늣	능	눌	닥

단 델 뎁 뒷 들 등 듲 득 듯 등

럭 룰 둘 말

락	란	랄	랏	랑	랑	램	룩	론	롯
락	란	랄	랏	랑	랑	램	룩	론	롯
락	란	랄	랏	랑	랑	램	룩	론	롯

륵	룻	룬	막	만	말	망	맴	맷	멀
륵	룻	룬	막	만	말	망	맴	맷	멀
륵	룻	룬	막	만	말	망	맴	맷	멀

놀 밤 볼 샘

맛	말	목	몬	몰	몸	몽	못	묵	물
맛	말	목	몬	몰	몸	몽	못	묵	물
맛	말	목	몬	몰	몸	몽	못	묵	물

뭇	뭉	박	밧	방	발	벌	변	복	볼
뭇	뭉	박	밧	방	발	벌	변	복	볼
뭇	뭉	박	밧	방	발	벌	변	복	볼

 받침 글자 쓰기

ㅏ, ㅕ, ㅣ등에 쓴다.
자연스럽게 연결

ㅗ, ㅛ, ㅜ, ㅠ등에 쓴다.
수평으로 가볍게 접필
힘주어 점을 찍어 아래로 붓끝을 흘린다.

ㅓ, ㅕ등에 쓴다.
힘있게
연결되게
겹치는데 주의

①
②
두 번에 쓴다.
① 힘있게 수직으로 긴 점을 찍고 약간 들어 올린다.
② 힘차게 돌려 왼쪽 반원과 겹치도록

볼	봄	복	볼	봇	볼	삭	심	샐	손
볼	봄	복	볼	봇	볼	삭	심	샐	손

글 청 영 읍

울 직 증 천

즐 즘 즙 즛 증 즉 즌 즐 즙 즛

즐 즘 즙 즛 증 즉 즌 즐 즙 즛

즐 즘 즙 즛 증 즉 즌 즐 즙 즛

증	작	잔	잘	잡	잣	장	족	존	졸
증	작	잔	잘	잡	잣	장	족	존	졸
증	작	잔	잘	잡	잣	장	족	존	졸

ㅗ. ㅛ. ㅜ. ㅠ. ㅡ에 쓴다.
낮게

ㅏ. ㅕ. ㅣ등에 쓴다.
드는 듯 꺾는다.
길게 삐쳐 살짝든다.

ㅓ. ㅕ에 쓴다.
겹치는 곳 주의
삐쳐서 연결
한 번에 쓰기

꺾어 겹치는 부분이 힘차게
휘듯이 삐쳐서 굵게 접필

가늘게
겹침
힘있게 눌렀다가 가볍게 왼쪽으로 속히 뽑는다.

즘	중	죽	줄	즛	증	칩	춘	착	참
즘	중	죽	줄	즛	증	칩	춘	착	참
즘	중	죽	줄	즛	증	칩	춘	착	참

철	챗	첼	축	춘	출	춤	충	춱	춘
철	챗	첼	축	춘	출	춤	충	축	춘
철	챗	첼	축	춘	출	춤	충	축	춘

츨	츳	층	각	갈	갓	갬	겅	골	콩

클	큿	큰	탁	탈	탕	탓	탬	흑	흔
클	큿	큰	탁	탈	탕	탓	탬	흑	흔
클	큿	큰	글	탈	탕	탓	탬	흑	흔

흘	흠	흦	흨	흩	흫	흣	확	환	홤

흘	흠	흦	흨	흩	흫	흣	확	환	홤

흘	흠	흦	흨	흩	흫	흣	확	환	홤

팟 팰 팽 푹 푼 풀 품 풍 쿡 쿤

릴 등 항 싹 밝

플	흑	릉	학	한	힘	함	핫	헬	형
플	흑	릉	학	한	힘	함	핫	헬	형

혹	훈	훗	훌	홍	깍	꽃	끌	껄	땡
혹	훈	훗	훌	홍	깍	꽃	끌	껄	땡

딸	뚤	뚝	빵	뻘	뿍	뿡	뿔	싹	썰

쌍	쑥	쓱	쓸	씅	짝	짧	쨀	쨍	쯜

쭝	쭉	쭐	값	깄	곪	긁	긂	귾	닓
쭝	쭉	쭐	값	깄	곪	긁	긂	귾	닓
쭝	쭉	쭐	값	깄	곪	긁	긂	귾	닓

ㄺ ㄼ ㅀ

늙 닭 닮 돐 많 밟 붉 앉 젊 흙

漢字의 結構法 (글자를 꾸미는 법)

漢字의 結構法 (글자를 꾸미는 법)

漢字의 結構는 대체로 다음과 같은 여덟 가지로 나눌 수 있다.

① ②	③ ④	⑤	⑥	⑦	⑧
扁 변 / 旁 방	冠 관 / 沓 답	垂 수	構 구	繞 요	單 단 獨 독

扁	작은 扁은 위로 붙인다.	鳴	吹	規	場	球
	다음과 같은 변은 길게 쓰고, 오른쪽을 가지런히 하며, 몸(旁)에 양보하여 쓴다.	妹	煙	禮	複	終
		館	糧	語	鍾	梅
旁	몸(旁)은 변에 닿지 않도록 한다.	設	教	伏	歡	鷗
冠	위를 길게 해야 될 머리.	草	箱	옆으로 넓게 해야 될 머리.	安	雲
沓	받침 구실을 하는 글자는 납작하게 하여 안정 되도록 쓴다.	然	孟	炎	書	驚
垂	윗몸을 왼편으로 삐치는 글자는 아랫 부분을 조금 오른쪽으로 내어 쓴다.	原	病	廣	履	歷
構	바깥과 안으로 된 글자는 바깥의 품을 넉넉하게 하고 안에 들어가는 부분의 공간을 알맞게 분할하여 주위에 닿지 않도록 쓴다.	因	固	圓	園	圖
		周	間	聞	鬪	向
繞	走(2)는 먼저 쓰고	辶(1)	廴(1)	은 나중에 쓰며, 대략 네모가 되도록 쓴다.		越

整 型 法 (정형법)

分間 (분간)	같은 방향의 획이 여러 개 중복되는 글자는 간격을 고르게 해야 한다.	圭	書	川	多
減勾 (감구)	갈퀴가 중복되는 글자는 그 중 하나 또는 전부를 생략한다.	林	禁	比	精
減捺 (감나)	파임이 중복되는 글자는 그 하나를 점으로 변화시킨다.	炎	食	双	養
中心 (중심)	어느 글자이고 중심이 중요하지만, 특히 다음과 같은 글자는 중심에 유의해야 한다.	常	業	參	姿
概形 (개형)	대개의 글자는 다음과 같은 몇 가지의 모양으로 나눌 수 있으므로, 그 형태에 특히 주의해야 한다.	上	点	願	金

漢字의 概形 (한자의 개형)

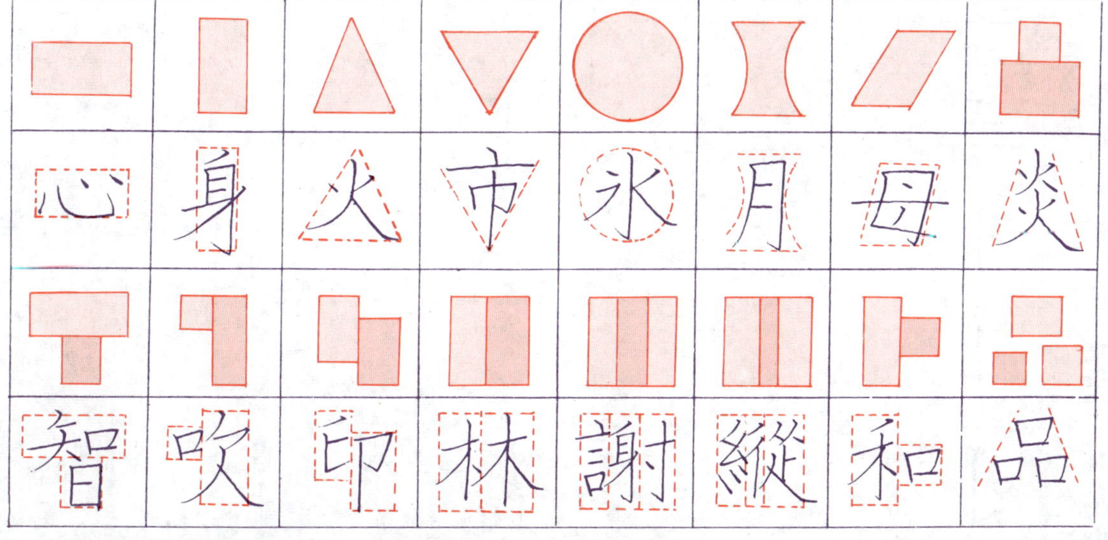

漢字의 기본 점·획

漢字 해서(楷書)의 基本点과 劃

기본(基本)되는 점(點)과 획(劃)을 충분히 연습한 다음, 쉬운 글자로부터 익히기 시작하여 차차 어려운 글자를 연습 합시다.

主永
言京
小示
千受
六共
江波
火首
点無
上下
工立
王青
下巨
中申
寸水

女母	
少老	
人夫	
大天	
丈史	
日目	
成代	
心必	
毛元	
刀向	
室定	
風飛	
廷建	
近遠	

영자 팔법(永字八法)

永字는 모든 필법을 구비하고 있어서 예로부터 이 글자에 의하여 운필법이 설명되었으며 이 서법을 영자 팔법이라 한다.

側 勒 啄 策 磔 掠 努 趯

漢字語 쓰기

一二(일이)	三四(삼사)	五六(오륙)	七八(칠팔)	九十(구십)	貳拾(이십)
수 한둘. 하나 둘. 관 한두.	서넛. 서너. 예 삼사월(三四月).	다섯이나 여섯. 대여섯.	일곱이나 여덟.	아흔의 한자말.	스물의 한자말.

故事成語 (고사성어) 각골난망(刻骨難忘) 남에게 입은 은혜가 뼈에 새기어져 잊히어지지 아니함.

一	二	三	四	五	六	七	八	九	十	貳	拾
하나 일	둘 이	셋 삼	넷 사	다섯 오	여섯 륙	일곱 칠	여덟 팔	아홉 구	열 십	두 이	열 십
一	二	三	四	五	六	七	八	九	十	貳	拾
一	二	三	四	五	六	七	八	九	十	貳	拾

三百(삼백)	千卷(천권)	壹億(일억)	數倍(수배)	閏年(윤년)	季節(계절)
300의 한자말.	일천 권의 책.	일억.	몇 배.	윤달이나 윤일(閏日)이 든 해. 반 평년(平年).	한 해를 봄·여름·가을·겨울의 네 시기로 구분한 시기. 철.

故事成語 (고사성어)

각주구검(刻舟求劍) 배에서 물에 칼을 떨어뜨리고 떨어진 자리에 암표(暗標)를 하였다가 배가 정박한 뒤에 칼을 찾는다는 뜻으로, 사람이 미련해서 융통성이 없음을 비유한 말.

參	百	千	卷	壹	億	數	倍	閏	年	季	節
석 삼	일백 백	일천 천	책 권	한 일	억 억	셈할 수	갑절 배	윤달 윤	해 년	철 계	마디 절

參 百 千 卷 壹 億 數 倍 閏 年 季 節

參 百 千 卷 壹 億 數 倍 閏 年 季 節

祖上 (조상)	父母 (부모)	兄弟 (형제)	姉妹 (자매)	姑婦 (고부)	曾祖 (증조)
돌아간 어버이 윗로 대대의 어른.	아버지와 어머니. 예 부모 구존(父母俱存).	형과 아우. 곤계(昆季)·곤제(昆弟).	①손위의 누이와 손아래의 누이. ②여자끼리의 언니와 아우.	시어머니와 며느리. 고식.	할아버지의 아버지. 예 증조부(曾祖父).

故事成語 (고사성어) 간성지재(干城之材) 무사에 뛰어난 재주 또는 그러한 사람.

祖	上	父	母	兄	弟	姉	妹	姑	婦	曾	祖
할아비 조	위 상	아버지 부	어머니 모	맏 형	아우 제	누이 자	손아랫누이 매	시어미 고	며느리 부	일찍 증	할아비 조
祖	上	父	母	兄	弟	姉	妹	姑	婦	曾	祖

叔姪(숙질)	良妻(양처)	姻戚(인척)	孝誠(효성)	倫理(윤리)	敬愛(경애)
아저씨와 조카. 예숙질간(叔姪間).	착한 아내. 현처(賢妻). 예현모 양처(賢母良妻).	외가와 처가에 딸린 겨레붙이. 예인척(姻戚)과 친척(親戚).	마음을 다하여 어버이를 섬기는 정성.	사람이 지켜야 할 도. 인륜(人倫).	공경하고 사랑함.

故事成語(고사성어) 감개무량(感慨無量) 감개가 한이 없음. 사물에 대한 회포의 느낌이 한이 없음.

叔	姪	良	妻	姻	戚	孝	誠	倫	理	敬	愛
아재비 숙	조카 질	어질 량	아내 처	혼인 인	겨레 척	효도 효	정성 성	인륜 륜	도리 리	공경할 경	사랑할 애
叔	姪	良	妻	姻	戚	孝	誠	倫	理	敬	愛
叔	姪	良	妻	姻	戚	孝	誠	倫	理	敬	愛

賢哲(현철)	道義(도의)	奉仕(봉사)	遵守(준수)	啓蒙(계몽)	規範(규범)
어질고 사리에 밝음. 또는 그 사람.	사람이 응당 행해야 할 도덕상의 의리.	① 남의 뜻을 받들어 섬김. ② 남을 위해 노력함.	그대로 좇아 지킴. 예 법규 준수(法規遵守).	어린아이나 무식한 사람을 가르쳐 깨우침.	본보기가 될 만한 제도. 규모(規模).

故事成語(고사성어) 거안사위(居安思危) 안락한 경우에 있을 때 위태로움(어려움)을 생각하며 정신을 가다듬음.

賢	哲	道	義	奉	仕	遵	守	啓	蒙	規	範
어질 현	밝을 철	도리 도	의리 의	받들 봉	섬길 사	좇을 준	지킬 수	열 계	어릴 몽	법 규	본보기 범
賢	哲	道	義	奉	仕	遵	守	啓	蒙	規	範
賢	哲	道	義	奉	仕	遵	守	啓	蒙	規	範

身體(신체)	頭腦(두뇌)	手足(수족)	皮膚(피부)	毛髮(모발)	姿勢(자세)
사람의 몸. 예 신체형(身體刑).	①사물을 슬기롭게 판단하는 힘. ②머릿골.	①손과 발. ②수족과 같이 요긴하게 부리는 사람.	동물의 온 몸을 싸고 있는 겉껍질.	사람의 머리털과 몸에 난 털의 총칭.	몸을 가지는 모양이나 태도.

故事成語 (고사성어)

격물치지(格物致知) ①사물의 이치를 궁구하여 앎에 다다르는 것. ②사물의 이치를 연구하여 지식을 명확히 함.

身	體	頭	腦	手	足	皮	膚	毛	髮	姿	勢
몸 신	몸 체	머리 두	뇌 뇌	손 수	발 족	가죽 피	살갗 부	털 모	터럭 발	맵시 자	기세 세
身	體	頭	腦	手	足	皮	膚	毛	髮	姿	勢
身	體	頭	腦	手	足	皮	膚	毛	髮	姿	勢

骨肉(골육)	顔面(안면)	耳目(이목)	肝臟(간장)	胃腸(위장)	口腔(구강)
뼈와 살. ㉡골육 상잔(骨肉相殘).	①얼굴. ②서로 낯이나 익힐 만한 친분. ㉡안면부지(顔面不知)	①귀와 눈. ②봄과 들음. ③남들의 주의.	내장의 하나. 복강 우측 상부에 있는 암적갈색의 분비선. ㉢간.	위와 창자. ㉡위장병(胃腸病).	입 속. ㉡구강위생(口腔衛生).

故事成語 (고사성어)

견마지로(犬馬之勞) ①임금이나 나라에 충성을 다하는 노력. ②자기의 노력을 겸손하게 일컫는 말. 견마지성(犬馬之誠).

骨	肉	顔	面	耳	目	肝	臟	胃	腸	口	腔
뼈 골	살 육	얼굴 안	얼굴 면	귀 이	눈 목	간 간	오장 장	밥통 위	창자 장	입 구	속빌 강
骨	肉	顔	面	耳	目	肝	臟	胃	腸	口	腔
骨	肉	顔	面	耳	目	肝	臟	胃	腸	口	腔

鼻炎(비염)	生涯(생애)	因襲(인습)	念願(염원)	順從(순종)	志望(지망)
콧 속에서 나는 염증.	살아있는 동안. 세상에 살아가는 동안. 생활(生活). 생계(生計).	이전부터 전하여 몸에 젖은 풍습(風習).	늘어남과 줄어듦. 늘이고 줄임. 서축(舒縮).	순순히 복종함. 복종(服從).	뜻하여 바람. 예 지망교(志望校).

故事成語 (고사성어)

경국지색(傾國之色) 나라 안에 으뜸가는 미인. 임금이 혹하여 나라가 뒤집히어도 모를만하게 뛰어난 예쁜 미인(美人)이라는 뜻. 경성지색(傾城之色).

鼻	炎	生	涯	因	襲	念	願	順	從	志	望
코 비	염증 염	살 생	끝 애	인할 인	버릇 습	생각 념	바랄 원	순할 순	좇을 종	뜻 지	바랄 망

鼻	炎	生	涯	因	襲	念	願	順	從	志	望

鼻	炎	生	涯	因	襲	念	願	順	從	志	望

相逢(상봉)	懷抱(회포)	喜悅(희열)	裕福(유복)	親睦(친목)	憐憫(연민)
서로 만남.	마음속에 품은 생각. 잊혀지지 않는 생각. 감회(感懷).	기뻐하고 즐거워함. 희락(喜樂).	살림이 넉넉함.	서로 친하여 뜻이 맞고 정다움.	불쌍하고 가련함.

故事成語(고사성어) 경이원지(敬而遠之) 존경하기는 하되 가까이 하지는 아니함.

相	逢	懷	抱	喜	悅	裕	福	親	睦	憐	憫
서로 상	만날 봉	품을 회	안을 포	기쁠 희	기쁠 열	넉넉할 유	복 복	친할 친	화목할 목	불쌍히여길 련	불쌍히여길 민
相	逢	懷	抱	喜	悅	裕	福	親	睦	憐	憫
相	逢	懷	抱	喜	悅	裕	福	親	睦	憐	憫

覺悟(각오)	歎聲(탄성)	思索(사색)	想像(상상)	辭讓(사양)	慰勞(위로)
①도리를 깨달음. ②미리 깨달아 마음을 작정함.	①탄식하는 소리. ② 감탄하는 소리.	사물의 이치를 좇아 파고 들어 생각함. 깊은 생각.	미루어 생각함.	받을 것을 겸사하여 안 받거나 자리를 남에게 내어 줌.	수고나 괴로움을 어루만짐.

故事成語 (고사성어)

경천위지(經天緯地) 온 천하를 경륜하여 다스림. 천하를 다스리는 것을 베틀에서 베를 짜는 데에 비유한 말. 날〈經〉은 세로 줄, 씨〈緯〉는 가로 줄.

覺	悟	歎	聲	思	索	想	像	辭	讓	慰	勞
깨달을 각	깨달을 오	탄식할 탄	소리 성	생각할 사	찾을 색	생각할 상	형상 상	사양할 사	사양할 양	위로할 위	수고로울 로
覺	悟	歎	聲	思	索	想	像	辭	讓	慰	勞
覺	悟	歎	聲	思	索	想	像	辭	讓	慰	勞

欲望(욕망)	戀慕(연모)	憂慮(우려)	謹愼(근신)	誇張(과장)	嘲笑(조소)
① 하고자 하는 마음. ② 부족을 채우고자 하는 마음.	사랑하여 그리워함.	근심하거나 걱정함.	언행을 삼가고 조심함.	실제보다 더하게 떠벌림.	조롱하는 태도로 웃는 웃음.

故事成語 (고사성어) 계란유골(鷄卵有骨) 공교롭게 일이 방해가 됨.

欲	望	戀	慕	憂	慮	謹	愼	誇	張	嘲	笑
하고자할 욕	바랄 망	사모할 련	사모할 모	근심 우	염려할 려	삼갈 근	삼갈 신	자랑할 과	베풀 장	조롱할 조	웃을 소
欲	望	戀	慕	憂	慮	謹	愼	誇	張	嘲	笑
欲	望	戀	慕	憂	慮	謹	愼	誇	張	嘲	笑

傲慢(오만)	後悔(후회)	容恕(용서)	寬大(관대)	威嚴(위엄)	仁勇(인용)
태도가 거만함. 또는 그 태도.	이전의 잘못을 깨닫고 뉘우침.	①놓아 줌. ②죄를 면해 줌. ③꾸짖지 않음. 용대(容貸).	마음이 너그럽고 큼. 관홍(寬弘).	①의젓하고 엄숙함. ②위광(威光)이 있어 엄숙함.	어질고 용기가 있음.

故事成語 (고사성어) 고복격양(鼓腹擊壤) 태평성대(太平聖代)를 즐김을 형용하여 이르는 말.

傲	慢	後	悔	容	恕	寬	大	威	嚴	仁	勇
거만할 오	거만할 만	뒤 후	뉘우칠 회	용납할 용	용서할 서	너그러울 관	클 대	위엄 위	엄할 엄	어질 인	날랠 용
傲	慢	後	悔	容	恕	寬	大	威	嚴	仁	勇
傲	慢	後	悔	容	恕	寬	大	威	嚴	仁	勇

怨恨(원한)	愁心(수심)	哀惜(애석)	恥事(치사)	辱說(욕설)	怪漢(괴한)
원통하고 한되는 생각.	근심하는 마음. 또는 근심하는 일. 수의(愁意).	슬프고 아까움.	남부끄러운 일.	① 남을 저주하는 말. ② 남을 미워하는 말.	차림새나 행동이 괴상한 사나이.

故事成語 (고사성어) 고진감래(苦盡甘來) 고생이 끝나면 즐거움이 옴.

怨	恨	愁	心	哀	惜	恥	事	辱	說	怪	漢
원망할 원	한할 한	근심할 수	마음 심	슬플 애	아낄 석	부끄러울 치	일 사	욕될 욕	말씀 설	괴이할 괴	사나이 한

怨 恨 愁 心 哀 惜 恥 事 辱 說 怪 漢

怨 恨 愁 心 哀 惜 恥 事 辱 說 怪 漢

宇宙(우주)	乾坤(건곤)	太陽(태양)	蒼空(창공)	晨星(신성)	弦月(현월)
①세계. 천지. ②공간과 시간의 모두. 누리.	①하늘과 땅. 천지(天地). ②음양(陰陽). ③건방(乾方)과 곤방(坤方).	태양계를 중심으로 이룬 항성의 하나. 해. 일륜(日輪).	푸른 하늘. 창천(蒼天).	샛별.	초승달. 음력으로 그 달 첫머리의 며칠 동안에 돋는 달.

故事成語 (고사성어)

과유불급(過猶不及) 지나친 것이나 모자란 것이나 다 같이 좋지 않음. 사물(事物)은 중용(中庸)을 중히 여김.

宇	宙	乾	坤	太	陽	蒼	空	晨	星	弦	月
천지사방 우	집 주	하늘 건	땅 곤	클 태	해 양	푸를 창	하늘 공	새벽 신	별 성	반 현	달 월
宇	宙	乾	坤	太	陽	蒼	空	晨	星	弦	月
宇	宙	乾	坤	太	陽	蒼	空	晨	星	弦	月

雷雨(뇌우)	風霜(풍상)	洪水(홍수)	青潭(청담)	碧海(벽해)	寒暑(한서)
우뢰 소리가 나며 내리는 비.	①바람과 서리. ②많이 겪은 세상의 모진 고통.	①큰물. ②넘쳐 흐를 정도로 많은 사물의비유.	맑고 푸른 못. 예 청담(青潭)에 백학(白鶴).	깊고 푸른 바다. 예 상전벽해(桑田碧海)	①추위와 더위. ②겨울과 여름.

故事成語 (고사성어) 괄목상대(刮目相對) 괄목하고 대면함. 남의 학식이 부쩍 느는 것을 놀라 쓰는 말.

雷	雨	風	霜	洪	水	青	潭	碧	海	寒	暑
우뢰 뢰	비 우	바람 풍	서리 상	클 홍	물 수	푸를 청	못 담	푸를 벽	바다 해	찰 한	더울 서
雷	雨	風	霜	洪	水	青	潭	碧	海	寒	暑
雷	雨	風	霜	洪	水	青	潭	碧	海	寒	暑

零下(영하)	納涼(납량)	黃昏(황혼)	元旦(원단)	歲暮(세모)	歸省(귀성)
온도계의 빙점 이하.	여름에 더위를 피하여 시원한 바람을 쐼.	①해가 지고 어둑어둑할 때. ②한창인 고비가 지난 때.	①설날. ②설날 아침. 원조(元朝)·정조(正朝)·원신(元辰).	한 해의 마지막 때. 세밑.	고향에 돌아가 어버이를 뵘. 귀근(歸覲).

故事成語(고사성어) 교언영색(巧言令色) 남의 환심을 사기 위해 아첨하는 교묘한 말과 보기 좋게 꾸미는 얼굴 빛.

零	下	納	涼	黃	昏	元	旦	歲	暮	歸	省
떨어질 령	아래 하	들일 납	서늘할 량	누를 황	어두울 혼	으뜸 원	아침 단	해 세	저물 모	돌아갈 귀	볼 성

大韓(대한)	京畿(경기)	錦江(금강)	區域(구역)	洞里(동리)	廣場(광장)
대한 민국(大韓民國). 우리나라의 국호(國號).	서울을 중심으로 가까이 뻗어있는 행정 구역. 기내(畿內).	전라북도와 충청남도 사이의 강 이름.	갈라 놓은 지역.	지방 행정 구역인 동(洞)과 리(里).	넓은 마당. 넓은 빈터.

故事成語 (고사성어)

구상유취(口尙乳臭) 입에서 아직 젖내가 난다는 뜻으로 언어와 행동이 유치함을 일컬음. 치발불급(齒髮不及).

大	韓	京	畿	錦	江	區	域	洞	里	廣	場
클 대	나라이름 한	서울 경	경기 기	비단 금	강 강	나눌 구	지경 역	마을 동	마을 리	넓을 광	마당 장
大	韓	京	畿	錦	江	區	域	洞	里	廣	場
大	韓	京	畿	錦	江	區	域	洞	里	廣	場

驛前(역전)	架橋(가교)	堤防(제방)	測量(측량)	故鄕(고향)	近郊(근교)
정거장 앞. 역두(驛頭).	다리를 놓음. ㉮우정의 가교(架橋).	홍수를 막기 위하여 쌓은 둑.	물건의 크기·위치·방향을 재어서 헤아림.	자기가 태어나고 자라난 고장. 가산(家山)·고산(故山)·고원(故園).	도시에 가까운 주변.

故事成語 (고사성어)

군자삼락(君子三樂) 맹자(孟子)가 말한 군자의 세 가지 즐거움. 곧 부모가 살아 계시며 형제가 무고한 것, 하늘과 사람에 부끄러움이 없는 것. 천하의 영재(英才)를 얻어 교육하는 것이라 했음.

驛	前	架	橋	堤	防	測	量	故	鄕	近	郊
역 역	앞 전	건너지를 가	다리 교	둑 제	막을 방	헤아릴 측	헤아릴 량	연고 고	시골 향	가까울 근	들 교
驛	前	架	橋	堤	防	測	量	故	鄕	近	郊
驛	前	架	橋	堤	防	測	量	故	鄕	近	郊

隣邦(인방)	南國(남국)	執權(집권)	外患(외환)	再建(재건)	復舊(복구)
이웃 나라. 인국(隣國).	남쪽에 위치한 나라.	①정권을 잡음. ②권력을 가짐.	①외적이 침범하는 근심. ②외부에서 받는 걱정.	무너진 것을 다시 일으켜 세움.	①그 전의 상태로 회복함. ②손실을 회복함.

故事成語 (고사성어) 권모술수(權謀術數) 목적을 위해서는 수단을 가리지 않고 인정이나 도덕도 없이 권세와 모략과 중상 등 온갖 수단과 방법을 쓰는 술책.

隣	邦	南	國	執	權	外	患	再	建	復	舊
이웃할 린	나라 방	남녘 남	나라 국	잡을 집	권세 권	바깥 외	근심 환	거듭 재	세울 건	회복할 복	옛 구
隣	邦	南	國	執	權	外	患	再	建	復	舊
隣	邦	南	國	執	權	外	患	再	建	復	舊

政局(정국)	與野(여야)	黨員(당원)	選擧(선거)	更訂(경정)	妥協(타협)
정계의 판국. ⓔ 정국(政局)의 안정(安定).	여당과 야당.	당을 구성하고 있는 사람. 당인(黨人).	여러 사람 가운데서 대표자를 뽑아냄.	변경시키어 고침. 갱정.	두 편이 서로 좋도록 협의함.

故事成語 (고사성어)

권선징악(勸善懲惡) 착한 일을 권장하고 악한 일을 징계함.

政	局	與	野	黨	員	選	擧	更	訂	妥	協
정사 정	판 국	참여할 여	들 야	무리 당	관원 원	뽑을 선	들 거	바꿀 경	바로잡을 정	온당할 타	도울 협
政	局	與	野	黨	員	選	擧	更	訂	妥	協
政	局	與	野	黨	員	選	擧	更	訂	妥	協

憲法(헌법)	條項(조항)	質疑(질의)	應答(응답)	改議(개의)	否決(부결)
①근본이 되는 법규. ② 국가 존립의 기본적 조건을 규정한 근본법.	낱낱이 들어 벌인 일의 가닥. 조목(條目).	의심 나는 점을 물어서 밝힘.	물음에 대답함. 답응(答應).	①고쳐 의논함. ②회의에서 동의(動議)를 고침.	의논한 일에 대하여 옳지 않다고 하는 결정.

故事成語 (고사성어)

극기복례(克己復禮) 자기의 사욕이나 사념을 양심과 이성으로 눌러 이기어 응당 알아서 지켜야 할 사람의 도리를 좇아 행한다는 뜻.

憲	法	條	項	質	疑	應	答	改	議	否	決
법 헌	법 법	조목 조	조목 항	바탕 질	의심할 의	응할 응	대답할 답	고칠 개	의논할 의	아니 부	정할 결

憲 法 條 項 質 疑 應 答 改 議 否 決

憲 法 條 項 質 疑 應 答 改 議 否 決

犯罪(범죄)	證據(증거)	詐欺(사기)	召還(소환)	陳述(진술)	姦淫(간음)
죄를 지음. 또는 지은 죄.	어떠한 사실을 증명할 만한 근거.	남을 꾀로 속여 해침.	일을 마치기 전에 불러 돌아오게 함.	자세히 말함. 예 피해자의 진술(陳述).	부부간이 아닌 남녀의 성적(性的) 관계.

故事成語(고사성어) 금상첨화(錦上添花) '여창잉첨 금상화(麗唱仍添錦上花)라는 왕 안석(王安石)의 글'에서 온 말. 좋은 일에 또 좋은 일이 더함.

犯	罪	證	據	詐	欺	召	還	陳	述	姦	淫
범할 범	허물 죄	증거 증	의지할 거	속일 사	속일 기	부를 소	돌아올 환	베풀 진	말할 술	간음할 간	음란할 음
犯	罪	證	據	詐	欺	召	還	陳	述	姦	淫
犯	罪	證	據	詐	欺	召	還	陳	述	姦	淫

拘禁(구금)	慣例(관례)	訴訟(소송)	刑罰(형벌)	釋放(석방)	領導(영도)
죄인을 잡아 자유를 얽매는 일.	습관이 된 전례(前例).	법률상의 판결을 법원에 요구하는 절차.	국가가 범죄를 저지른 사람에게 주는 제재. 형죄(刑罪).	가두었던 사람을 놓아줌. 방면(放免). 방석(放釋).	거느려 이끎. 예 영도자(領導者).

故事成語 (고사성어) 금석지교(金石之交) 쇠나 돌처럼 굳고 변함이 없는 교분. 금석지계(金石之契).

拘	禁	慣	例	訴	訟	刑	罰	釋	放	領	導
잡을 구	금할 금	익숙할 관	보기 례	송사할 소	송사할 송	형벌할 형	벌 벌	풀 석	놓을 방	다스릴 령	인도할 도
拘	禁	慣	例	訴	訟	刑	罰	釋	放	領	導
拘	禁	慣	例	訴	訟	刑	罰	釋	放	領	導

官廳(관청)	署名(서명)	赴任(부임)	罷免(파면)	團束(단속)	懲戒(징계)
관리로서 조직하여 국가의 사무를 맡아 보는 기관.	서류 따위에 책임자가 손수 이름을 씀. 착서(著署).	일을 맡아 볼 자리에 감.	직무를 면제시킴. 파출(罷黜).	경계를 단단히 하여 다잡음.	부정(不正)·부당(不當)한 행위에 대하여 제재(制裁)를 가(加)함.

故事成語 (고사성어)

금오옥토(金烏玉兎) 해와 달. 일월(日月). ※①금오(金烏) : 태양 속에 세 발 가진 까마귀가 있다는 상상(想像)에서 유래하여, 태양. ② 옥토(玉兎) : 달에는 옥토끼가 있다고 상상하여, 달.

官	廳	署	名	赴	任	罷	免	團	束	懲	戒
벼슬 관	관청 청	서명할 서	이름 명	다다를 부	맡을 임	파할 파	내칠 면	단속할 단	묶을 속	징계할 징	경계할 계

官 廳 署 名 赴 任 罷 免 團 束 懲 戒

官 廳 署 名 赴 任 罷 免 團 束 懲 戒

戶籍(호적)	抄本(초본)	租稅(조세)	賦課(부과)	操縱(조종)	補償(보상)
호수나 식구별로 기록한 장부.	골라서 베껴낸 글발. 원본의 일부를 베끼거나 발췌한 문서.	국가 또는 지방단체가 경비를 쓰기 위해 국민에게 받는 돈.	구실을 물리려고 그것을 매김.	마음대로 다루어 부림. 예 조종사(操縱士).	남의 손해를 채워 줌.

故事成語 (고사성어)

남가일몽(南柯一夢) '중국 당(唐)나라의 소설 남가기(南柯記)'에서 유래한 말. 꿈과 같이 헛된 한 때의 부귀와 영화. 남가지몽(南柯之夢).

戶	籍	抄	本	租	稅	賦	課	操	縱	補	償
집 호	문서 적	베낄 초	근본 본	세금 조	세금 세	줄 부	매길 과	잡을 조	놓아줄 종	기울 보	갚을 상
戶	籍	抄	本	租	稅	賦	課	操	縱	補	償
戶	籍	抄	本	租	稅	賦	課	操	縱	補	償

遠征(원정)	被侵(피침)	討伐(토벌)	派遣(파견)	照準(조준)	隊列(대열)
①멀리 정벌(征伐)을 감. ②먼 데로 시합 따위를 하러 감.	①침범을 당함. ②저촉이 됨.	죄 있는 무리를 군사로 침.	임무를 띠게 하여 사람을 보냄.	겨냥하여 보는 표준.	대를 지어 늘어선 행렬.

故事成語 (고사성어) 남상(濫觴) '양자강(揚子江) 같은 대하(大河)도 근원은 잔을 담글 만한 세류(細流)'라는 뜻에서, 사물의 처음·시작(始作)·기원(起源).

遠	征	被	侵	討	伐	派	遣	照	準	隊	列
멀 원	칠 정	입을 피	침노할 침	칠 토	벨 벌	보낼 파	보낼 견	비출 조	고를 준	떼 대	줄 렬

遠征被侵討伐派遣照準隊列

遠征被侵討伐派遣照準隊列

訓練(훈련)	鍊武(연무)	紀綱(기강)	利敵(이적)	挑戰(도전)	爆擊(폭격)
실무(實務)를 배워 익힘.	무술을 단련함.	①기율과 법강. ②정치의 대강(大綱). 예 기강 확립(紀綱確立).	적을 이롭게 함. 예 이적 행위(利敵行爲).	싸움을 돋움. 싸움을 겂.	비행기에서 폭탄을 떨구어 적의 중요 시설을 파괴하는 것.

故事成語 (고사성어)

노류장화(路柳牆花) 길 가의 버드나무와 담 아래 꽃이라는 뜻에서, 창부(娼婦)·기생(妓生) 등 화류계(花柳界) 여성을 비유하는 말.

訓	練	鍊	武	紀	綱	利	敵	挑	戰	爆	擊
가르칠 훈	익힐 련	단련할 련	호반 무	규율 기	벼리 강	이로울 리	원수 적	집적거릴 도	싸울 전	폭발할 폭	칠 격
訓	練	鍊	武	紀	綱	利	敵	挑	戰	爆	擊
訓	練	鍊	武	紀	綱	利	敵	挑	戰	爆	擊

破片(파편)	軍糧(군량)	騎馬(기마)	策略(책략)	命令(명령)	斥候(척후)
깨뜨려진 조각.	군대에서 사용하는 양식. 예 군량미(軍糧米).	①말을 탐. ②타는 말. 예 기마부대(騎馬部隊).	모책(謀策)과 방략(方略).	웃사람이 시키는 분부.	적의 형편 또는 지형 따위를 정찰하고 수색함. 후자(候者).

故事成語 (고사성어) 농와지희(弄瓦之喜) 딸을 낳은 즐거움. 농와지경(弄瓦之慶).

破	片	軍	糧	騎	馬	策	略	命	令	斥	候
깨뜨릴 파	조각 편	군사 군	양식 량	말탈 기	말 마	꾀 책	꾀 략	명령 명	명령할 령	망볼 척	염탐할 후

泰山(태산)	奇巖(기암)	丘陵(구릉)	溪谷(계곡)	河川(하천)	群島(군도)
매우 높고 큰 산.	기이한 모양을 한 바위.	땅이 좀 높고 비탈진 곳. 나지막한 산. 언덕	골짜기. 계학(谿壑).	시내. 내.	불규칙하게 모여 있는 작고 큰 여러 섬.

故事成語 (고사성어) 누란지위(累卵之危) 쌓아 놓은 새알처럼 몹시 위험한 상태.

泰	山	奇	巖	丘	陵	溪	谷	河	川	群	島
클 태	뫼 산	기이할 기	바위 암	언덕 구	큰언덕 릉	시내 계	계 곡	물 하	내 천	많을 군	섬 도

泰 山 奇 巖 丘 陵 溪 谷 河 川 群 島

泰 山 奇 巖 丘 陵 溪 谷 河 川 群 島

沿岸(연안)	汎濫(범람)	怒潮(노조)	氷雪(빙설)	霧散(무산)	雲集(운집)
강물이나 바닷가의 일대.	①큰 물이 넘쳐 흐름. 범일(汎溢). ②제 분수에 넘침.	힘차게 밀어 닥치는 조류(潮流).	①얼음과 눈. ②심성(心性)이 결백함의 비유.	안개가 걷히듯 흩어져 없어짐. 안개로 사라짐.	구름처럼 많이 모임. 예운집(雲集)한 인파(人波).

故事成語 (고사성어) 담수지교(淡水之交) 물처럼 맑은 사귐. 곧 군자의 담담한 사귐을 말함.

沿	岸	汎	濫	怒	潮	氷	雪	霧	散	雲	集
좇을 연	언덕 안	넓을 범	넘칠 람	성낼 노	조수 조	얼음 빙	눈 설	안개 무	흩을 산	구름 운	모일 집
沿	岸	汎	濫	怒	潮	氷	雪	霧	散	雲	集
沿	岸	汎	濫	怒	潮	氷	雪	霧	散	雲	集

禽獸(금수)	猛虎(맹호)	雌雄(자웅)	犬馬(견마)	鳳鶴(봉학)	毒蛇(독사)
①날짐승과 길짐승. ② 은혜를 모르는 무례한 사람을 말함.	몹시 사나운 범.	①암컷과 수컷. ②강약(強弱)·우열(優劣)·승부를 비유하는 말.	①개와 말. ② 자기 몸을 극히 낮추어 겸손하게 일컫는 말.	봉황새와 두루미.	독이 있는 뱀.

故事成語 (고사성어)

대기만성(大器晩成) '노자(老子)의 《大方無隅 大器晩成》에서 유래한 말.' 큰 솥이나 큰 종같은 것을 주조하는 데에는 시간이 오래 걸리듯이 사람도 큰 재주는 일찍 성취되는 것이 아니란 말.

禽	獸	猛	虎	雌	雄	犬	馬	鳳	鶴	毒	蛇
날짐승 금	길짐승 수	사나울 맹	범 호	암컷 자	수컷 웅	개 견	말 마	봉새 봉	두루미 학	독할 독	뱀 사
禽	獸	猛	虎	雌	雄	犬	馬	鳳	鶴	毒	蛇
禽	獸	猛	虎	雌	雄	犬	馬	鳳	鶴	毒	蛇

白鷗(백구)	鴻雁(홍안)	養鷄(양계)	蜜蜂(밀봉)	鹿角(녹각)	魚卵(어란)
갈매기.	큰 기러기와 작은 기러기.	닭을 침. 예 양계 업자(養鷄業者).	꿀벌. 참벌과의 벌. 참벌.	사슴의 뿔.	소금을 쳐서 말린 생선의 알.

故事成語 (고사성어)

덕불고(德不孤) 덕이 있는 사람은 외롭지 않고 반드시 따르는 사람이 있다는 뜻.
※ 출전 : 논어(論語)의 '덕불고 필유인(德不孤必有隣)'

白	鷗	鴻	雁	養	鷄	蜜	蜂	鹿	角	魚	卵
흰 백	갈매기 구	큰기러기 홍	기러기 안	기를 양	닭 계	꿀 밀	벌 봉	사슴 록	뿔 각	물고기 어	알 란

羊毛 (양모)	飛龍 (비룡)	走狗 (주구)	稻苗 (도묘)	森林 (삼림)	麥芽 (맥아)
양의 털. 예 양모 제품〈羊毛製品〉.	①하늘을 나는 용. ②성인(聖人)·영웅이 높은 지위에 있음을 비유.	①달음질 잘하는 개. ②권력가의 앞잡이노릇하는 사람의 비유.	볏모. 옮겨 심기 위하여 가꾸어 기른 벼의 싹.	나무가 많이 우거져 있는 곳.	엿기름.

故事成語 (고사성어)

독불장군(獨不將軍) ①여러 사람과 사이가 틀어져 외롭게 된 사람. ②무슨 일이나 제생각대로 처리하여 나가는 사람. ③혼자서는 장군이 못된다는 뜻으로, 남과 협조하여야 한다는 말.

羊	毛	飛	龍	走	狗	稻	苗	森	林	麥	芽
양 양	털 모	날 비	용 룡	달아날 주	개 구	벼 도	싹 묘	많고성할 삼	수풀 림	보리 맥	싹 아
羊	毛	飛	龍	走	狗	稻	苗	森	林	麥	芽
羊	毛	飛	龍	走	狗	稻	苗	森	林	麥	芽

枝葉(지엽)	楓葉(풍엽)	芳草(방초)	梧桐(오동)	梅實(매실)	桃李(도리)
①가지와 잎. ②본체에서 갈라져 나간 주요하지 않은 부분.	①단풍나무의 잎. ②가을에 단풍이 든 잎.	향기롭고 꽃다운 풀.	오동나무. 식물 : 오동과의 낙엽 활엽 교목.	매화나무의 열매.	①복숭아와 오얏. ②남이 천거한 어진 사람의 비유.

故事成語 (고사성어) 독서삼도(讀書三到) 독서의 법은 구도(口到)·안도(眼到)·심도(心倒)에 있다 함이니, 즉 입으로 다른 말을 하지 아니하고, 눈으로는 딴 것을 보지 말고, 마음을 하나로 가다듬고 반복 숙독하면, 그 진의(眞意)를 깨닫게 된다는 뜻.

枝	葉	楓	葉	芳	草	梧	桐	梅	實	桃	李
가지 지	잎사귀 엽	단풍나무 풍	잎 엽	꽃다울 방	풀 초	오동 오	오동나무 동	매화 매	열매 실	복숭아 도	오얏 리
枝	葉	楓	葉	芳	草	梧	桐	梅	實	桃	李
枝	葉	楓	葉	芳	草	梧	桐	梅	實	桃	李

栗林(율림)	綠豆(녹두)	細柳(세류)	松竹(송죽)	冬栢(동백)	夏穀(하곡)
밤나무 숲. 예 율림 육성(栗林育成).	콩과〈荳科〉의 일년생 재배식물. 열매는 녹색이며 식용임.	가지가 가늘고 긴 버들. 세버들.	소나무와 대나무.	①동백나무의 열매. ② 동백나무.	여름철에 익어서 거두는 곡식. (보리, 밀 등)

故事成語 (고사성어)

동가홍상(同價紅裳) '같은 값이면 다홍 치마'란 말과 같은 뜻. 곧 같은 값이면 좋은 물건을 가진다는 뜻.

栗	林	綠	豆	細	柳	松	竹	冬	栢	夏	穀
밤나무 률	수풀 림	푸를 록	콩 두	가늘 세	버들 류	소나무 송	대 죽	겨울 동	잣나무 백	여름 하	곡식 곡
栗	林	綠	豆	細	柳	松	竹	冬	栢	夏	穀
栗	林	綠	豆	細	柳	松	竹	冬	栢	夏	穀

土壤(토양)	播種(파종)	苗板(묘판)	栽培(재배)	肥料(비료)	秋收(추수)
흙. ㉾토양개량(土壤改良).	논밭에 곡식의 씨앗을 뿌리어 심음. 하종(下種).	볏모를 기르는 논. 못자리.	초목을 심어서 기름. 배재(培栽).	식물을 잘 자라게 하려고 흙에 주는 양분.	가을에 익은 곡식을 거두어 들이는 일. 가을걷이.

故事成語 (고사성어) 동병상련(同病相憐) ① 같은 병을 앓는 사람끼리 서로 가엾게 여김. ② 어려운 처지에 있는 사람끼리 서로 동정하고 도움.

土	壤	播	種	苗	板	栽	培	肥	料	秋	收
흙 토	부드러운흙 양	씨뿌릴 파	종자 종	모종 묘	널 판	심을 재	북돋울 배	거름 비	감 료	가을 추	거둘 수
土	壤	播	種	苗	板	栽	培	肥	料	秋	收
土	壤	播	種	苗	板	栽	培	肥	料	秋	收

增産(증산)	牧畜(목축)	蔬菜(소채)	養蠶(양잠)	園藝(원예)	製糖(제당)
산출량이 늚. 생산량을 늘임.	마소와 양 등을 기름. 목양(牧養).	채소류의 나물. 채소(菜蔬)	누에를 기름. 예 양잠 장려(養蠶奬勵).	채소·화초·과목(果木)등을 심어 가꾸는 일.	사탕을 만듦.

故事成語 (고사성어)

등화가친(燈火可親) 가을이 들어 서늘하면 밤에 등불을 가까이 하여 글 읽기에 심기(心氣)가 좋다는 뜻.

增	産	牧	畜	蔬	菜	養	蠶	園	藝	製	糖
더할 증	낳을 산	기를 목	가축 축	나물 소	나물 채	기를 양	누에 잠	동산 원	재주 예	지을 제	사탕 당

鐵鋼 (철강)	炭鑛 (탄광)	亞鉛 (아연)	靑銅 (청동)	洋灰 (양회)	金塊 (금괴)
철(鐵)과 강철(鋼鐵).	석탄광(石炭鑛). 석탄을 캐어 내는 광.	청백색의 빛을 띤 쇠붙이. 함석. 백철(白鐵).	구리와 주석의 합금. 주조용·압연제 따위로 쓰임.	시멘트.	①금덩이. ②금화(金貨)의 그 지금(地金).

故事成語 (고사성어)

등하불명(燈下不明) 등잔 밑이 어둡다는 뜻으로, 가까이 있는 것이 도리어 알아 내기 어려움을 이르는 말.

鐵	鋼	炭	鑛	亞	鉛	靑	銅	洋	灰	金	塊
쇠 철	강철 강	석탄 탄	광석 광	버금 아	납 연	푸를 청	구리 동	서양 양	석회 회	쇠 금	덩어리 괴

慶弔(경조)	吉凶(길흉)	婚談(혼담)	壽宴(수연)	享祀(향사)	祝賀(축하)
①기쁜 일과 궂은 일. ②경사를 축하하고 흉사를 조문함.	좋은 일과 나쁜 일. 경조(慶弔). 예 길흉사(吉凶事).	혼인을 정하기 위하여 오고 가는 말.	장수(長壽)함을 축하하는 잔치. 보통 환갑을 일컬음. 수연(壽筵).	신령에게 정성을 드려 하는 의식. 제사(祭祀). 제향(祭享).	경사를 빌고 치하함. 예 축하연(祝賀宴).

故事成語 (고사성어) 만구성비(萬口成碑) 여러 사람이 칭찬하는 것이 송덕비(頌德碑)를 세우는 것과 같다는 말.

慶	弔	吉	凶	婚	談	壽	宴	享	祀	祝	賀
경사 경	조상할 조	길할 길	흉할 흉	혼인할 혼	말씀 담	목숨 수	잔치 연	드릴 향	제사 사	축하할 축	하례할 하
慶	弔	吉	凶	婚	談	壽	宴	享	祀	祝	賀
慶	弔	吉	凶	婚	談	壽	宴	享	祀	祝	賀

忌祭(기제)	先人(선인)	死亡(사망)	痛哭(통곡)	葬地(장지)	墳墓(분묘)
해마다 죽은 날에 지내는 제사. 기제사(忌祭祀)의 약어.	①돌아가신 아버지. 선친(先親). ②앞 세대 사람.	①사람의 죽음. ②죽는 일.	소리를 높여 슬피 욺. 통곡(慟哭).	장사할 땅. 매장한 땅. 매장지(埋葬地)·묘지(墓地).	무덤.

故事成語 (고사성어) 망운지정(望雲之情) 자식이 타향에서 고향의 부모를 그리는 마음.

忌	祭	先	人	死	亡	痛	哭	葬	地	墳	墓
기일 기	제사지낼 제	먼저 선	사람 인	죽을 사	망할 망	원통할 통	울 곡	장사지낼 장	땅 지	무덤 분	무덤 묘

忌 祭 先 人 死 亡 痛 哭 葬 地 墳 墓

忌 祭 先 人 死 亡 痛 哭 葬 地 墳 墓

同胞(동포)	姓氏(성씨)	傍系(방계)	諸位(제위)	雙方(쌍방)	班常(반상)
①형제. ②한 국민. 한 겨레.	성을 높여 일컫는 말.	직계에서 갈려 나간 계통.	여러분. 예 독자 제위(諸位)의 성원.	이쪽과 저쪽. 양방(兩方). 예 쌍방 합의(雙方合議).	양반과 상사람.

故事成語 (고사성어) 맹모단기(孟母斷機) 맹자가 학문을 다 마치지도 않고 집에 돌아오자 그 어머니가 짜던 베를 칼로 잘라, 학문을 중도에 그만둔다는 것은 짜던 베의 날을 끊는 것과 같다고 경계한 것.

同	胞	姓	氏	傍	系	諸	位	雙	方	班	常
한가지 동	태보 포	성 성	성 씨	곁 방	계통 계	여러 제	자리 위	짝(둘) 쌍	모(방향) 방	양반 반	상사람 상

同 胞 姓 氏 傍 系 諸 位 雙 方 班 常

同 胞 姓 氏 傍 系 諸 位 雙 方 班 常

信仰(신앙)	靈魂(영혼)	祈願(기원)	煩惱(번뇌)	讚頌(찬송)	尋訪(심방)
믿고받드는일. 예 신앙 생활(信仰生活).	인간 활동의 원동력으로 생각되는 정신적 실체(實體).	소원을 빎. 발원(發願).	마음이 시달려서 괴로움.	덕을 찬미하여 기림.	방문하여 찾아봄. 심문(尋問).

故事成語 (고사성어)

면종복배(面從腹背) 표면으로는 복종하는 체하면서 내심(內心)으로는 배반함.

信	仰	靈	魂	祈	願	煩	惱	讚	頌	尋	訪
믿을 신	우러를 앙	영혼 령	넋 혼	빌 기	원할 원	번민할 번	괴로와할 뇌	기릴 찬	칭송할 송	찾을 심	찾을 방
信	仰	靈	魂	祈	願	煩	惱	讚	頌	尋	訪
信	仰	靈	魂	祈	願	煩	惱	讚	頌	尋	訪

世俗(세속)	慈悲(자비)	寺院(사원)	冥府(명부)	坐禪(좌선)	僧舞(승무)
①세상의 풍속. 속간(俗間). ②삼구(三仇)의 하나.	사랑하고 불쌍히 여김.	①절이나 암자. ②천주교의 성당이나 수도원(修道院).	사람이 죽으면 간다는 명계(冥界)의 법정(法廷).	고요히 앉아서 참선(參禪)함.	고깔을 쓰고 장삼을 입고 중처럼 차리고서 풍류에 맞춰 추는 춤.

故事成語 (고사성어) 멸사봉공(滅私奉公) 사(私)를 버리고 공(公)을 위하여 힘써 일함.

世	俗	慈	悲	寺	院	冥	府	坐	禪	僧	舞
세상 세	속될 속	사랑 자	슬퍼할 비	절 사	집 원	저승 명	고을 부	앉을 좌	좌선할 선	중 승	춤출 무
世	俗	慈	悲	寺	院	冥	府	坐	禪	僧	舞
世	俗	慈	悲	寺	院	冥	府	坐	禪	僧	舞

共存(공존)	社則(사칙)	施設(시설)	距離(거리)	周圍(주위)	環境(환경)
①함께 있음. ②함께 도우며 살아나감.	회사나 결사(結社)단체의 규칙.	베풀어 차림. 설시(設施).	서로 떨어진 사이의 먼 정도.	어떤 지점의 바깥 둘레. 주회(周回).	생활체(生活體)를 둘러싸고 있는 일체의 사물.

故事成語 (고사성어) 명실상부(名實相符) 이름과 실제가 딱 들어 맞음. 이름 그대로 임.

共	存	社	則	施	設	距	離	周	圍	環	境
함께 공	있을 존	단체 사	법 칙	베풀 시	세울 설	떨어질 거	떨어질 리	두루 주	둘레 위	두를 환	지경 경

共 存 社 則 施 設 距 離 周 圍 環 境

共 存 社 則 施 設 距 離 周 圍 環 境

郵便(우편)	娛樂(오락)	講壇(강단)	矯正(교정)	能率(능률)	企劃(기획)
여러 사람을 위하여 통신을 맡아 보는 업무.	즐겨 노는 놀이. 환락(歡樂).	강의나 설교를 할 때 올라서는 자리.	곧게 바로 잡음. 광정(匡正). 교구(矯捄).	일정한 시간에 해 낼 수 있는 일의 비율.	일을 꾸밈. 계획.

故事成語 (고사성어)

무릉도원(武陵桃源) ① 신선이 살았다는 전설적인 중국의 명승지. ② 이 세상과 따로 떨어진 별천지. (준) 도원(桃源).

郵	便	娛	樂	講	壇	矯	正	能	率	企	劃
우편 우	편할 편	즐거워할 오	즐길 락	강론할 강	제터 단	바로잡을 교	바를 정	능할 능	비율 률	꾀할 기	그을 획

郵 便 娛 樂 講 壇 矯 正 能 率 企 劃

郵 便 娛 樂 講 壇 矯 正 能 率 企 劃

住宅(주택)	食堂(식당)	層階(층계)	倉庫(창고)	飯店(반점)	旅館(여관)
사람이 사는 집. 거택(居宅).	①음식을 먹도록 설비된 방. ②간단한 음식을 파는 집.	층층이 높이 올라가게 만들어 놓은 설비.	곳집. 부고(府庫).	음식을 파는 가게. 예중화 반점(中華飯店).	여객(旅客)을 묵게 하는 집. 여사(旅舍).

故事成語 (고사성어) 무소부지(無所不知) 모르는 것이 없음.

住	宅	食	堂	層	階	倉	庫	飯	店	旅	館
살 주	집 택	먹을 식	집 당	층 층	섬돌 계	곳집 창	곳집 고	밥 반	가게 점	나그네 려	집 관

住宅食堂層階倉庫飯店旅館

住宅食堂層階倉庫飯店旅館

閨房(규방)	寢臺(침대)	宿泊(숙박)	沐浴(목욕)	暖爐(난로)	陶器(도기)
안방. 유방(帷房). ㊀규방 문학(閨房文學).	사람이 누워 자게 만든 상. 침상(寢牀).	여관이나 어떤 곳에 머물러 묵음.	머리를 감고 몸을 씻는 일. ㊀목욕탕(沐浴湯).	몸이나 방안을 덥게 하는 난방 기구의 하나.	오지 그릇. ㊀이조 도기(李朝陶器).

故事成語 (고사성어)

문일지십(聞一知十) 한 가지를 듣고 열 가지를 미루어 앎. 재주의 총명함을 비유한 말.

閨	房	寢	臺	宿	泊	沐	浴	暖	爐	陶	器
안방 규	방 방	잠잘 침	대 대	잘 숙	묵을 박	머리감을 목	목욕할 욕	따뜻할 난	화로 로	질그릇 도	그릇 기
閨	房	寢	臺	宿	泊	沐	浴	暖	爐	陶	器
閨	房	寢	臺	宿	泊	沐	浴	暖	爐	陶	器

眼鏡(안경)	腰帶(요대)	洗濯(세탁)	參席(참석)	福券(복권)	飮酒(음주)
눈을 보호하거나 시력을 돕기 위해 쓰는 기구. ⓔ 쌍안경(雙眼鏡).	허리띠.	빨래. ⓔ 기계 세탁(機械洗濯).	자리에 참여함.	제비를 뽑아 배당을 받게 되는 채권. 복표(福票).	술을 마심.

故事成語 (고사성어) 문방사우(文房四友) 문방에 꼭 있어야 할 네 벗. 곧 종이·붓·먹·벼루.

眼	鏡	腰	帶	洗	濯	參	席	福	券	飮	酒
눈 안	거울 경	허리 요	띠 대	씻을 세	씻을 탁	참여할 참	자리 석	복 복	문서 권	마실 음	술 주
眼	鏡	腰	帶	洗	濯	參	席	福	券	飮	酒
眼	鏡	腰	帶	洗	濯	參	席	福	券	飮	酒

移轉(이전)	發送(발송)	取捨(취사)	機械(기계)	注油(주유)	火災(화재)
① 옮겨 바꿈. ② 사물의 소재를 옮김.	물건·편지 따위를 부침.	취할 것은 취하고 버릴 것은 버림. 취사 선택(取捨選擇)의 약어.	여러 기관이 서로 어울려 힘을 받아 움직이는 틀.	기름을 넣음. 예 주유소(注油所).	불이 나는 재앙. 화난(火難). 화변(火變).

故事成語 (고사성어) 물각유주(物各有主) 물건에는 제각기 임자가 있음.

移	轉	發	送	取	捨	機	械	注	油	火	災
옮길 이	옮길 전	필 발	보낼 송	취할 취	버릴 사	기계 기	기계 계	물댈 주	기름 유	불 화	재앙 재
移	轉	發	送	取	捨	機	械	注	油	火	災
移	轉	發	送	取	捨	機	械	注	油	火	災

俊秀(준수)	責善(책선)	意思(의사)	沈默(침묵)	放恣(방자)	疎忽(소홀)
재주·슬기·풍채가 빼어남. 청수(清秀).	친구 사이에 서로 착한 일을 하도록 권함.	①생각. ②마음. ③뜻. 예의사 결정(意思決定).	아무 말이 없이 잠잠함.	삼가지 않고 제멋대로 놂. 예방자(放恣)한 태도(態度).	탐탁하지 않고 범연함. 대수롭지 않고 예사임. 소략(疎略).

故事成語 (고사성어) 반포지효(反哺之孝) 반포하는 효성. ※반포(反哺):①부모의 은혜를 갚음. ②새새끼가 자란 뒤에 늙은 어미새에게 먹을 것을 물어다 주는 것.

俊	秀	責	善	意	思	沈	默	放	恣	疎	忽
뛰어날 준	빼어날 수	꾸짖을 책	선할 선	뜻 의	생각 사	잠길 침	말없을 묵	방자할 방	방자할 자	성길 소	소홀히할 홀
俊	秀	責	善	意	思	沈	默	放	恣	疎	忽
俊	秀	責	善	意	思	沈	默	放	恣	疎	忽

核心(핵심)	比較(비교)	兩側(양측)	私見(사견)	慙愧(참괴)	追徵(추징)
사물의 중심이 되는 요긴한 부분.	서로 견주어 봄. 예 비교 문학(比較文學).	두 편. 양 방(兩方). 예 양측(兩側)의 대표자.	저 혼자만의 생각. 예 그것은 저의 사견(私見)입니다.	부끄럽게 여김. 참뉵(慙恧). 참작(慙作) 예 참괴(慙愧)의 눈물.	추가하여 거두어 들임. 추가하여 징수함. 예 세금의 추징(追徵).

故事成語 (고사성어) 발본색원(拔本塞源) 폐단의 근원(根源)을 아주 뽑아서 없애 버림.

核	心	比	較	兩	側	私	見	慙	愧	追	徵
알맹이 핵	가운데 심	견줄 비	비교할 교	두 량	기울일 측	사사 사	볼 견	부끄러워할 참	부끄러워할 괴	좇을 추	부를 징

核 心 比 較 兩 側 私 見 慙 愧 追 徵

核 心 比 較 兩 側 私 見 慙 愧 追 徵

個性(개성)	謙遜(겸손)	逃避(도피)	狀態(상태)	稀薄(희박)	潤澤(윤택)
①다른 개체와 구별되는 그 개체의 특성. ②낱낱의 특별한 성질.	남을 높이고 자기를 낮춤.	도망하여 피함. 예도피 사상(逃避思想).	현재의 모양이나 형편. 경상(景狀).	①희망이나 가망이 적음. ②농도·밀도가 엷거나 얇음.	①윤기 있는 광택. ②물건이 풍부함.

故事成語 (고사성어)

백년하청(百年河淸) '중국의 황하(黃河)가 항상 흐리어 맑을 때가 없다'는 데서 나온 말로, 아무리 오래 되어도 사물이 이루어지기 어려움을 일컫는 말.

個	性	謙	遜	逃	避	狀	態	稀	薄	潤	澤
낱 개	성품 성	겸손할 겸	겸손할 손	달아날 도	피할 피	형상 상	모양 태	드물 희	엷을 박	윤택할 윤	못 택

個 性 謙 遜 逃 避 狀 態 稀 薄 潤 澤

個 性 謙 遜 逃 避 狀 態 稀 薄 潤 澤

諒解(양해)	歡迎(환영)	恭待(공대)	招聘(초빙)	蠻行(만행)	巡警(순경)
사정을 잘 알아 줌. 이해(理解).	기쁜 마음으로 맞음.	①공손히 대접함. ②경어를 씀.	예로써 사람을 맞음. 빙초(聘招).	야만스러운 말과 짓.	①경찰관의 최하 계급. ②돌아다니며 경계함.

故事成語(고사성어) 백면서생(白面書生) 글만 읽고 세상 일에 경험이 없는 사람.

諒	解	歡	迎	恭	待	招	聘	蠻	行	巡	警
살필 량	풀 해	기뻐할 환	맞을 영	공경할 공	대할 대	부를 초	부를 빙	오랑캐 만	행할 행	순행할 순	경계할 경
諒	解	歡	迎	恭	待	招	聘	蠻	行	巡	警
諒	解	歡	迎	恭	待	招	聘	蠻	行	巡	警

古典(고전)	隨筆(수필)	戲曲(희곡)	敍事(서사)	著書(저서)	飜譯(번역)
① 옛날의 법식. ② 뒷날에 남을 만한 옛날 서적.	일정한 주의가 없이 생각 나는 대로 쓴 글.	연극의 극본(劇本). 각본.	사실을 있는 그대로 적는 일.	지은 책. 또는 책을 지음.	어떤 국어로 된 글을 다른 나라 말로 바꾸어 옮김.

故事成語 (고사성어) 백척간두(百尺竿頭) 높은 장대 끝에 섰다는 말로, 막다른 위험에 빠진 것을 일컫는 말.

古	典	隨	筆	戲	曲	敍	事	著	書	飜	譯
옛 고	책 전	따를 수	붓 필	연극 희	굽을 곡	펼 서	일 사	지을 저	책 서	번역할 번	통역할 역
古	典	隨	筆	戲	曲	敍	事	著	書	飜	譯
古	典	隨	筆	戲	曲	敍	事	著	書	飜	譯

姜 順浩
大邱市壽城区中洞 527-6
706-052

金仲守 貴下

서울特別市 麻浦区 西橋洞 203-16

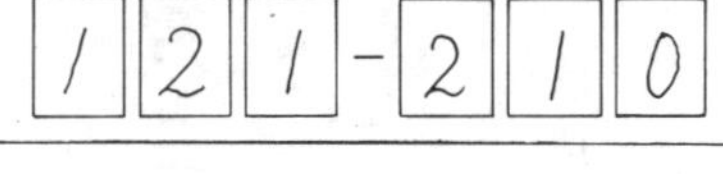

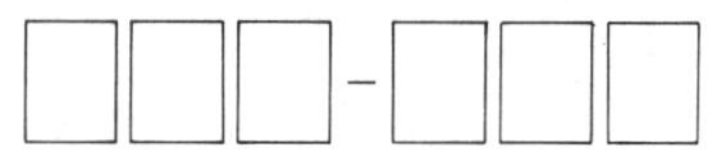

❖ 편지 봉투 쓰는 요령 ❖

1. 봉투의 글씨, 특히 받는 사람의 성명을 정자로 쓴다.
2. 받는 사람의 주소는 한 줄로 쓰되, 길 경우에는 두 줄로 쓴다.
3. 받는 사람의 이름은 주소의 글씨보다 좀 크게 하여 중앙에 쓴다.
4. 보내는 사람의 주소와 이름은 조금 작게 쓴다.

엽서 쓰는 요령

1. 엽서는 손아랫 사람이나 평범한 내용 등을 알릴 때 쓰는 것이 통례로 되어 있다.
2. 대체로 받는 사람의 주소와 이름을 보내는 사람의 주소보다 크게 쓴다.
3. 엽서에 편지를 쓸 때는 위아래와 왼쪽 오른쪽을 각각 6mm쯤 비워놓고 써야 한다.
4. 가로줄 한 줄에는 글자 수가 15자에서 20자 정도 되게 하고, 줄 수는 열 두서너 줄 정도 되게 하는 것이 보기에도 아름답다.

우 편 엽 서

보내는 사람 서 창 호

대구시동구 중동 162

대동상사

받는 사람 윤 경 호 귀하

서울특별시 중구 다동 5의7

영업부 관리과

100-180

매월 말일은 편지 쓰는 날입니다.

이 력 서

사 진	성 명	박 정 신 (박정신)	주민등록번호 690317-2960711
	생년월일 서기 1969년 3월 17일 (만 20 세)		
주 소	서울시 중구 필동 204-45		
호 적 관 계	호주와의 관계	박 영호의 자	호주성명 박 영 호

년	월	일	학 력 및 경 력 사 항	발 령 청
1982	2	10	안산 국민학교 졸업	
1985	2	7	안산 여자 중학교 졸업	
1985	3	4	신일 여자 상업 고등학교 입학	
1988	1	10	동교 졸업	
1986	11	5	주산 검정 2급 취득	상공회의소
1987	6	15	부기 검정 2급 취득	상공회의소
1987	10	8	타자 검정 2급 취득	상공회의소
			위의 사실과 틀림이 없음	
			1989. 4. 5.	
			박 정 신 (박정신)	